COLLECTION L. C. T.

COLLECTION L. C. T.

CONDITIONS DE LA VENTE

Elle sera faite expressément au comptant.

Les acquéreurs paieront 10 p. 100 en sus des enchères.

L'exposition mettant les amateurs à même de se rendre compte de l'état des objets, il ne sera admis aucune réclamation, une fois l'adjudication terminée.

L'expert sera présent à l'Exposition publique et se tiendra à la disposition de MM. les Amateurs qui auraient des renseignements à lui demander ou des ordres d'achat à lui donner.

Porcelaines et Poteries

DES ÉPOQUES

SONG, MING, KHANGHI, YOUNGCHING
KIENLONG & TAOKOUANG

BRONZES ANCIENS

Cloisonnés Anciens

DES ÉPOQUES

MING, KHANGHI & KIENLONG

Cristal de Roche &. Jade &. Agate

Verres Chinois Kienlong, Ivoires

BOIS SCULPTÉS ET INCRUSTÉS

Peintures Chinoises Anciennes

Dont la vente aura lieu à l'HOTEL DROUOT, Salle n° 7

Le JEUDI 28 DÉCEMBRE, à 2 heures

COMMISSAIRE-PRISEUR
Me LAIR-DUBREUIL
6, RUE FAVART

EXPERT
Mr André PORTIER
24, RUE CHAUCHAT

Chez lesquels se distribue le présent Catalogue.

EXPOSITION PUBLIQUE :

Hôtel Drouot, Salle N° 7, le Mercredi 27 Decembre, de 2 heures à 6 heures.

DÉTAIL DES ÉPOQUES

citées au présent Catalogue

Époque		
Époque Sung	.	1127 à 1279
— Yuen	.	1279 à 1368
— Ming	. .	1368 à 1644
— Khanghi	. .	1661 à 1722
— Youngching	. .	1723 à 1735
— Kienlong	. .	1736 à 1795
— Taokouang	.	1821 à 1850

CÉRAMIQUE

1. — Très belle potiche cinq couleurs, décorée sur fond blanc
de dragons poursuivant la perle sacrée et d'oiseaux de
Hô, dans les nuages. Couvercle et socle en bois
sculpté.

      Epoque Ming.   Haut. 0 m. 49

2. — Autre potiche trois couleurs sur fond d'émail blanc, à
décor de phénix au milieu de chrysanthèmes épanouis.

      Epoque Ming.   Laut. 0 m. 32

3. — Une paire de potiches cinq couleurs, décorées sur un
fond de vagues stylisées d'une course de chevaux
sauvages alternant avec les symbols boudohiques. Couvercles en porcelaine même décor. Socles en bois sculpté.

      Epoque Ming.   Haut.

4. — Très joli cornet légèrement évasé, décoré sur un fond
quadrillé fantaisie de trois zones fleuries à jolis émaux
vert et rouge dominants. Socle en bois sculpté.

      Epoque Ming.   Haut. 0 m. 43

5. — Potiche cinq couleurs à décor sur fond blanc de chimères
en émaux divers, au milieu de jolies touffes de pivoines à
feuillage stylisé. Socle en bois sculpté.

      Epoque Ming.   Haut. 0 m. 42

6. — Potiche cinq couleurs à décor alternatif de rochers et de
symbols bouddhiques, sur un fond de vagues stylisées.

      Epoque Ming.   Haut.

7. — Une paire de potiches cinq couleurs, à décor de dragons en
émaux variés poursuivant la perle sacrée au milieu des
nuages. Couvercles même décor.

      Epoque Ming.   Haut. 0 m. 39

8. — Très joli cornet cinq couleurs, la panse portant une bande
de pivoines fleuries au milieu de rinceaux stylisés verts :
le col comporte quatre médaillons à décor de jolies jardinières garnies de fleurs : Le pied est décoré de longues
palmes. Socle bois sculpté.

Epoque Ming.   Haut 0 m. 64

9. — Jolie paire de potiches couvertes à fond gros bleu et à
réserves de médaillons fleuris sur fond blanc. Les médaillons sont entourés d'un décor polychrome de petits melons
enfeuillagés. Couvercles en porcelaine du même décor.
Socle en bois sculpté.

Au dos : Marque Kienlong.   Haut. 0 m. 54

10. — Petite paire de cornets évasés, la panse légèrement rebondie,
à décor d'emblèmes bouddhiques de papillons et de fleurs.
Socle en bois sculpté.

Famille Rose. XVIIIe Siècle.   Haut. 0 m. 23

11. — Jolie potiche trois couleurs, à décor sur fond blanc d'oiseaux
et de fleurs en émaux polychromes, vert et rouge dominant.
Socle et couvercle en bois sculpté.

Epoque Ming.   Haut.

12. — Paire de grands vases cornets, a décor de branches fleuries
et d'oiseaux. Socle en bois sculpté.

Famille Rose. XVIIIe Siècle.   Haut. 0 m. 50

13. — Jolie potiche à décor sur fond blanc d'une terrasse fleurie où
se promènent quatre personnages. Couvercle en bois
sculpté.

Epoque Khanghi.   Haut. 0 m. 35

14. — Jolie potiche en porcelaine bleu et blanc à décor de fleur
de pêches. Couvercle et socle en bois sculpté.

Epoque Kienlung.   Haut. 0 m. 40

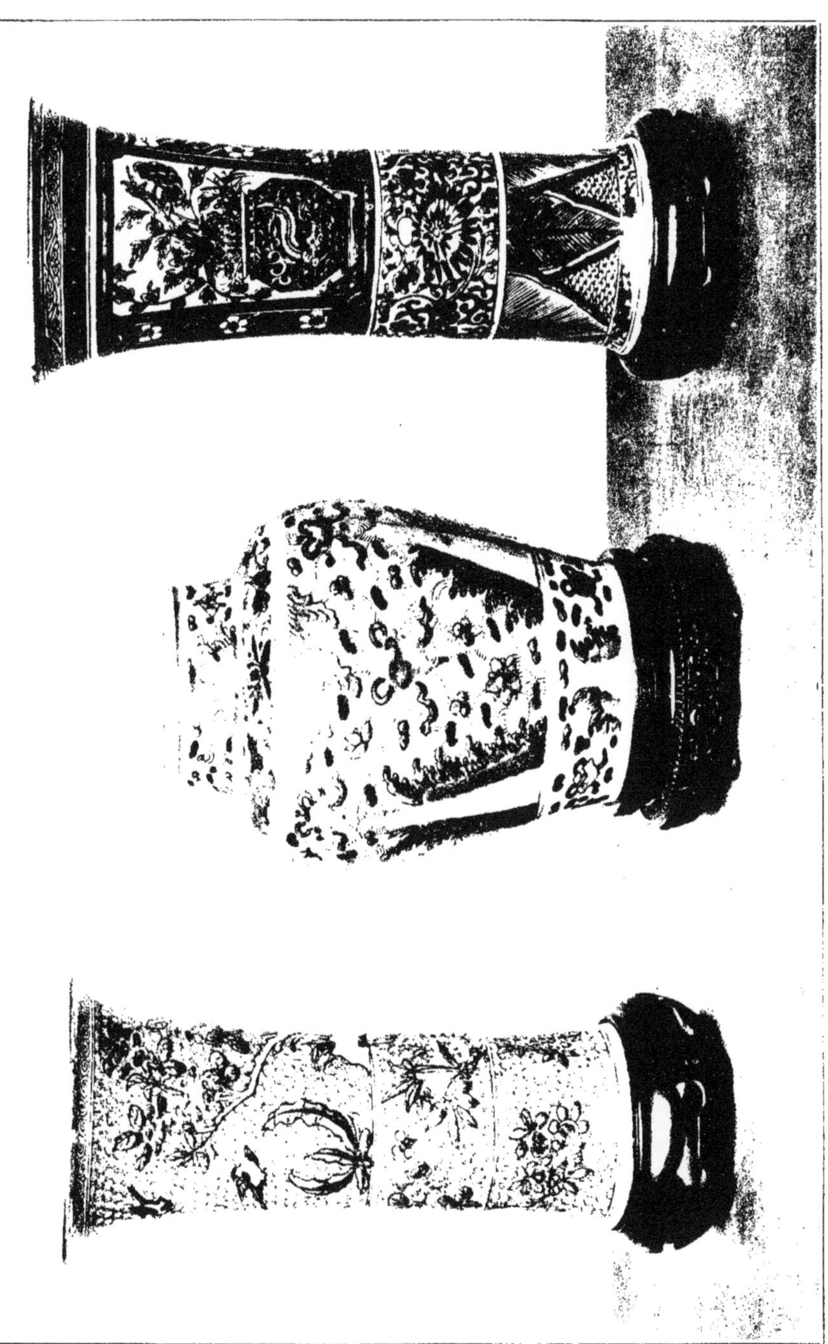

15. — Une paire de petites potiches à médaillons de dragons réservés sur un fond rose décoré de rinceaux fleuris. Couvercles et socles en bois sculpté.

Epoque Taokouang.   Haut. 0 m. 30

16. — **P**ot à riz cinq couleurs, décoré de chimères au milieu des pivoines en fleurs.

Epoque Ming.   Haut. 0 m. 17

17. — Potiche basse trois couleurs à décor de chimères et de fleurs.

Epoque Ming.   Haut. 0 m. 15

18. — Vase cornet, le col coupé, en jolie porcelaine bleu et blanc à décor de fleurs. Socle en bois sculpté.

Epoque Khanghi.   Haut.

19. — Pot creux en porcelaine blanche décorée de deux dragons affrontés devant la perle sacrée.

Epoque Ming.   Diam. 0 m. 20

20. — Deux bois décorés sur fond jaune de dragons impériaux en réserve bleue. Au centre et à l'intérieur un médaillon du même décor.

Signés : Youngching.   Diam. 0 m. 18

21. — Large pot en porcelaine bleu et blanc, décoré de deux scènes à personnages.

Epoque Khanghi.   Diam. 0 m. 25

22. — Vase cornet, le col coupé à joli décor fleuri.

Famille Verte. XVIIIe Siècle.   Haut. 0 m. 28

23. — Pot à riz en porcelaine blanche, décoré d'enfants jouant.

Famille Rose. Epoque Kienlung.   Haut. 0 m. 20

24. — Jolie petite théière quadrilobée, à décor fleuri : le couvercle est surmonté d'une salamandre.

Famille Verte. Epoque Khanghi.   Haut. 0 m. 12

25. — Deux pots à gingembre en porcelaine bleu et blanc à décor
de fleurs de pêchers.

Epoque Kienlung.   Haut. 0 m. 14

26. — Pot à gingembre à décor de rinceaux fleuris sur fond jaune
avec réserves de médaillons d'enfants jouant.

Famille Rose. fin XVIIIe Siècle.   Haut. 0 m. 20

27. — Grand plat creux, le médaillon central décoré d'une Pa'Sien,
Ho Seen-Ko, sa corbeille fleurie sur l'épaule, accompa-
gnée d'une servante et d'une biche.
Le marli, droit, porte un joli décor fleuri à réserves de
symbols bouddhique.

Famille Verte. XVIIIe Siècle.   Diam. 0 m. 37

28. — Deux assiettes à décor de pivoines et de lambris.

Famille Rose. XVIIIe Siècle.   Diam. 0 m. 23

29. — Vase formé de deux vases céladon conjugués, portant deux
mascarons à têtes de chimères, la panse décorée d'un
petit motif fantaisie. Socle bois sculpté.

Epoque Kienlung.   Haut. 0 m. 25

30. — Vase applique décoré sur fond d'émail noir de rinceaux
fleuris entourant deux médaillons, l'un contenant une
scène à personnages, l'autre une poésie.

Epoque Kienlong   Haut. 0 m. 20

31. — Très jolie bouteille, le col allongé s'évasant légèrement, la
panse cotelée, à jolie couverte bleu fouetté. Socle en
bois sculpté.

Cachet Kienlong   Haut. 0 m. 40

32. — Grande bouteille turquoise, à col droit. Socle bois sculpté.

Haut. 0 m. 40

33. — Bouteille turquoise à col allongé autour duquel s'enroule un
long dragon.

Haut. 0 m. 42

34. — Jolie bouteille turquoise, le col évasé, très élégante.

Haut. 0 m. 23

35. — Autre petit vase turquoise.

Haut. 0 m. 20

36. — Très beau vase à couverte noir, le col portant deux anses à têtes d'éléphants.

Epoque Kienlong   Haut. 0 m. 24

37. — Joli cornet à panse aplatie et lobée à couverte gris bleu nuagé. Socle en bois sculpté.

Epoque Khanghi   Haut. 0 m. 33

38. — Une paire de petits vases, à couverte lie de vin.

Haut. 0 m. 21

39. — Petit vase céladon à décor en réserve d'un pêcher en émail bleu et blanc.

Epoque Kienlong   Haut. 0 m. 20

40. — Petit vase à col évasé à couverte céladon uni.

Epoque Kienlong   Haut. 0 m. 21

41. — Bouteille à col évasé en porcelaine crème à petites craquelures.

Haut. 0 m. 18

42. — Trois vases à couverte turquoise, de formes différentes (seront divisés).

43. — Trois bouteilles à décor bleu poudré, une truitée rouge (seront divisés).

44 — Une bouteille en forme de gourde à double panse, la couverte jaune vert, à petites craquelures.

Epoque Kienlong   Haut. 0 m. 14

45 — Une petite bouteille bleu fouetté.

Haut. 0 m. 15

46. — Une très jolie petite bouteille à couverte noire.

Haut. 0 m. 08

47. — Deux petites potiches à panse élevée, couverte bleu nuagé.

Haut. 0 m. 13

48. — Une petite verseuse fond vert à réserve de personnages, style Taokouang.

Haut. 0 m. 18

49. — Deux chimères porte-bouquets.

Haut. 0 m. 23

50. — Neuf petites statuettes en porcelaine à décor polychrome représentant les Pa-Sien, avec leurs attributs divers.

Haut. 0 m. 23

51. — Petit groupe en biscuit représentant deux enfants.

Haut. 0 m. 14

POTERIES

52. — Grand pot à large panse à décor de fleurs noires en relief sur
un fond blanc crème. Très jolie pièce.

    Epoque Song   Haut. 0 m. 30
                        Diam. 0 m. 34

53. — Deux pots bas à jolis reflets argentés.

    Epoque Song   Haut. 0 m. 12

54. — Deux grands bols.

    Attribué à l'Epoque Song   Diam. 0 m. 20

55. — Grande jardinière tripode, à couverte céladon craquelé.

    Haut. 0 m. 26   Diam. 0 m. 26

56. — Un vase à couverte verte, portant deux petites anses en
anneaux.

    Attribué à l'Epoque Ming   Haut. 0 m. 24

57. — Joli pot couvert à panse cotelée, couverte verte.

    Attribué à l'Epoque Ming   Haut. 0 m. 13

58. — Grand vase à couverte céladon en deux parties.

    Attribué à l'Epoque Kienlong   Haut. 0 m. 33

59. — Deux vases en grès à couverte jaune et verte, en forme de
melons.

    Haut. 0 m. 30

60. — Brûle parfums formé de la partie inférieure d'une chimère.
Poterie à couverte céladon et or.

    Attribué à l'Epoque Ming   Haut. 0 m. 28

61. — Jolie bouteille à panse élevée de décor noir sur fond crème
d'ornements stylisés avec médaillons de chimères et de
cerfs.

    Attribué à l'Epoque Song   Haut. 0 m. 31

62. — Pot en grès jaune, décor camaieu à personnage.

Attribué à l'Epoque Song   Haut. 0 m. 26

63. — Personnage accroupi, appuyé sur une gourde.

64. — Grand vase quadrilatéral à angles arrondis. décoré sur la panse d'un fin semis de feuilles entourant les emblèmes bouddhiques et sur le col de zones de fleurs et de dragons. Deux anses tubulaires.

Epoque Khanghi   Haut. 0 m. 35

65. — Gourde en porcelaine blanche, décorée en bleu sur la panse de motifs à palmettes, et au col de zone de fleurettes.

Haut. 0 m. 32

BRONZES

66. — Vase balustre à panse légèrement aplatie. le col évasé portant
deux anses détachées.

Le décor est formé par une fine ciselure de grecques
coupées horizontalement et verticalement par trois zones
à angle droit. Jolie patine verte à taches brunes.

Fin de l'Epoque Ming   Haut. 0 m. 38

67. — Jolie bouteille à long col se terminant en bulbe. Très belle
patine verte tachée rouge. Le fond est à losanges.

Epoque Ming   Haut. 0 m. 37

68. — Joli vase balustre décoré de trois zones concentriques gravées,
d'animaux chimériques, la zone supérieure réunissant
deux anses à têtes de taotiés soutenant des anneaux
mobiles. Très belle palme verte à taches de rouille.

Au dos une signature   Haut. 0 m. 29

69. — Très belle coupe tripode, les pieds finement ajourés ; la
partie supérieure de la panse porte une large bande à
grecques surmontant une zone de palmes. Jolie palme
verte à marbrures rouges.

XVII Siècle   Diam. 0 m. 18

70. — Joli vase balustre minuscule en bronze à patine rougeâtre
marbrée de taches d'or, deux faces portant des mascarons
à têtes de taotiés et anneaux mobiles.

XVII Siècle   Haut. 0 m. 09

71. — Grand brûle parfums en bronze, à décor de rinceaux fleuris.
les deux anses et les quatre pieds en forme de têtes
d'éléphants, le couvercle ajouré est surmonté d'un élé-
phant carapaçonné, au repos. Jolie patine brune.

Epoque Ming   Haut. 0 m. 36

72. — Petit brûle parfums en forme de crapaud à peau cloutée, sur lequel se tient Lan Tsae-Ho, dansant, tenant d'une main une sapèque et de l'autre une petite hache. Bronze à patine verte.

Haut. 0 m. 20

73. — Une paire de vieux étriers chinois, niellés d'argent, à décor des signes du bonheur.

74. — Miroir ancien, partiellement poli, à décor de vieux caractères et d'animaux fantastiques. Patine verdâtre.

Diam. 0 m. 13

75. — Pièces de monnaie et amulettes.

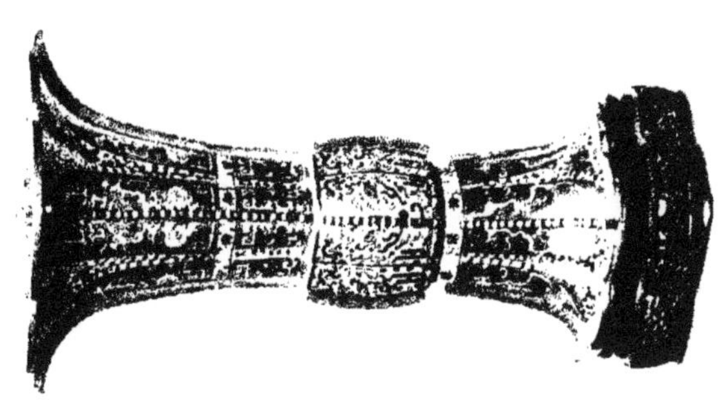

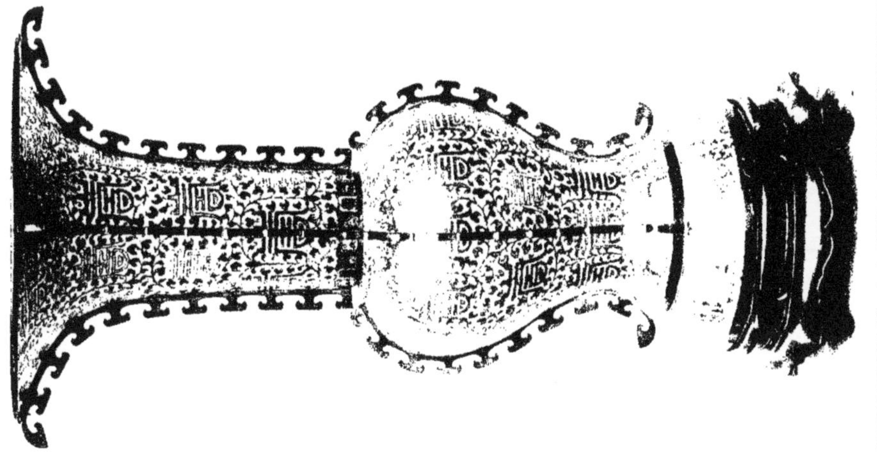

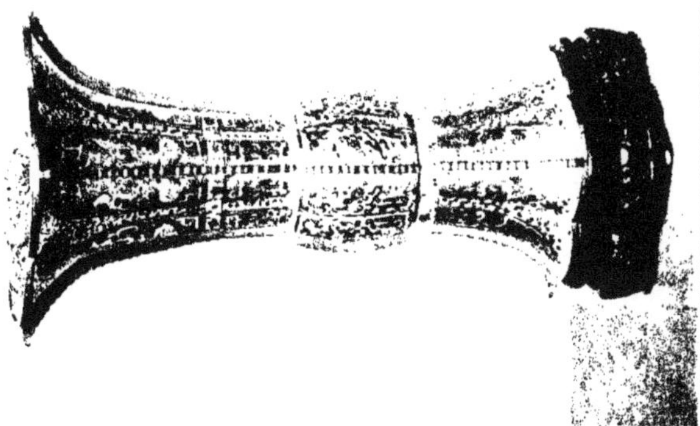

CLOISONNÉS

76. — Grand vase cornet, cloisonné d'émaux polychromes, sur fond turquoise. Le vase est coupé par quatre arrêtes dentelées longitudinales, réunies à la base du col par une ceinture de petites palmettes en bronze finement ciselé. Le décor est à rinceaux fleuris entourant le caractère du Bonheur.

Tres belle pièce. Epoque Ming. Haut. 0 m. 67

77. — Deux vases cornets, la panse légèrement saillante, cloisonnés d'émaux polychromes sur fond turquoise. Le col largement évasé et quadrilobé forme point de départ de quatre arrêtes dentelées courant sur toute la hauteur du vase. Au milieu du col et sous la panse, deux petites zones cloisonnées sur fond d'émail blanc. Socles bois sculpté.

Tres jolie paire. Epoque Ming. Haut. 0 m. 42

78. — Grand brûle-parfums tripode, les pieds en bronze doré à têtes d'éléphants renversées. La vasque est décorée de large fleurs rouges, jaunes et vertes sur fond d'émail turquoise clair, et porte deux grandes anses salamandre en bronze doré. Couvercle en bois ajouré surmonté d'un bouton de jade gris sculpté et fouillé à jour. Socle bois sculpté.

Jolie pièce. Epoque Khanghi. Haut. 0 m. 40
Diam. 0 m. 25

79. — Joli cornet cloisonné, la panse légèrement rebondie portant quatre arrêtes saillantes et surmontée de deux anneaux concentriques en relief. Le décor est à rinceaux fleuris sur fond turquoise.

Epoque Ming. Haut. 0 m. 36

80 . — Très belle garniture comprenant un Koro, une boite ronde
et une petite bouteille en émaux cloisonnés polychromes,
bleu et rouge dominant sur fond turquoise. Le couvercle
du brûle-parfums est ajouré à sa partie supérieure et
porte un bouton finement ciselé et fouillé.
Les trois pièces sont disposées sur un socle à étage en
cloisonné également à décor de grecques et de palmes.

Epoque Kienlung.   Haut. totale. 0 m. 30
Largeur. 0 m. 32

81 . — Une paire de chandeliers, de forme quadrilatérale finement
décorés sur fond turquoise, d'émaux cloisonnés polychromes : décor à rinceaux fleuris.

Epoque Ming.   Haut. 0 m. 29

82 . — Grand bol cloisonné sur fond turquoise à décor intérieur de
fleurettes, le médaillon central représentant un poisson
émergeant des flots. Extérieurement, le bol offre de
nombreuses fleurettes au dessus de la vague où nagent de
nombreux poissons. Joli socle élevé en bois sculpté.

Epoque Kienlung.   Diam. 0 m. 23

83 . — Petite coupe cloisonnée sur fond turquoise, le bord portant
en saillie une zone d'émaux bleu foncé coupés d'une
grecque d'or. Décor à rinceaux fleuris entourant quatre
larges fleurs en émaux vieux rose et mauve foncé.

Epoque Khangshi.   Diam. 0 m. 7

84 . — Six petits bols cloisonnés sur cuivre, l'intérieur en plomb.
Décor extérieur à fleurettes sur fond turquoise.

Epoque Khangshi   Diam. 0 m. 7

85 . — Grand vase bouteille, cloisonné sur fond turquoise clair de
rondes d'animaux et d'oiseaux fantastiques à travers les
nuages. Le col porte deux anses tubulures détachées.

XVIII° Siècle.   Haut. 0 m. 37

PIERRES DURES

86. — Joli pièce en cristal de roche très pur, représentant un vase
enfeuillagé accolé ou dieu de la longévité ; une tige de
lotus à la main. Sur les parois du vase, un ibis en relief.
Jolie pièce finement sculptée. Socle bois ajouré, à décor
de fleurs de cerisiers.

Haut. 0 m. 21

87. — Théière en jade blanc gris, la panse hexagonale portant
une large anse détachée. Couvercle en jade à bouton de
malachite. Socle en bois sculpté.

Haut. 0 m. 18

88. — Autre verseuse en jade gris vert, entièrement gravée de
rinceaux fleuris.

Haut. 0 m. 16

89. — Très belle coupe en jade blanc verdâtre représentant un
fruit entouré de feuillage sculpté et ajouré. Socle bois
sculpté.

Très beau travail.   Diam. 0 m. 18

90. — Petite boite en forme de canard en jade blanc verdâtre très
brillant. Socle bois sculpté.

91. — Petite pièce analogue représentant une oie lissant ses plumes.

92. — Autre pièce similaire représentant un moineau secouant ses
ailes.

93. — Petit brûle parfums en agate brune, portant deux anses à
têtes chimériques, un anneau mobile dans la gueule.
Socle en bois sculpté.

Haut. 0 m. 11

94. — Joli vase en agate blonde en forme de deux grenades accolées et enfeuillagées. Socles de bois finement sculpté.

Haut. 0 m. 14

95. — Vase porte bouquets en agate bleutée sculptée dans une veine blanche de trois petits melons sur une feuille. Socle en bois sculpté.

Haut. 0 m. 11

96. — Porte-bouquets en agate bleue sculptée de deux troncs de bambous accolés, décorés dans une veine rouge d'une branche fleurie. Socle en bois sculpté.

Haut. 0 m. 14

97. — Petit vase balustre, à panse aplatie, en agate brune, le col portant deux anses détachées à anneaux mobiles, la panse décorée d'une bande à fleurettes.

Haut. 0 m. 11

98. — Licorne accroupie, une branche fleurie dans la gueule. Jolie petite pièce en agate bleue.

Haut. 0 m. 08

99. — Porte-pinceaux en forme de rocher en pierre verte à trainées blanches. Socle en bois sculpté.

Haut. 0 m. 11

LARDITES

100. — Statuette d'un Immortel, debout, une main dissimulée sous
son ample vêtement, l'autre élevant uue fleur de lotus.
Socle en bois sculpté. Jolie pièce en lardite blanche
imitant la jade.

Haut. 0 m. 30

101. — Deux statuettes des Pa'Sien en pierre de lard à rehauts de
couleur, représentant Han Chung-le, son écran à la main
et Ho Seen-Ko, élevant une corbeille fleurie de fleurs
de lotus.

Haut. 0 m. 25

102. — Petite statuette de garçonnet en lardite jaune imitant l'ivoire.

Haut. 0 m. 16

TABATIÈRES

103 — Jolie tabatière en agate blonde veinée noir, sculptée dans la
veine noire d'un faucon sur un rocher et d'une chimère.

Haut. 0 m. 7

104. — Tabatière en agate blonde veinée noir, portant deux anses à
mascarons.

Haut. 0 m. 6 1 2

105. — Tabatière en agate blonde unie, à bouchon de jade vert.

Haut. 0 m. 8

106. — Tabatière plate en agate blonde veinée brun, portant deux
mascarons à têtes de tastiés. Bouchon en verre.

Haut. 0 m. 9

107 — Tabatière à panse quadrilatérale, en joli jade blanc ; deux
faces décorées de caractères, les deux autres portant des
mascarons à tastiés.

Haut. 0 m. 6

108. — Trois tabatières en porcelaines polychromes diverses.

VERRES

109. — Très jolie bouteille en verre blanc décorée en relief de verre
vert d'écureuils dans des branches chargées de fruits.

Signée : Kienlung.   Haut. 0 m. 25

110. — Autre bouteille à col droit et haut en verre blanc, à givrures
décorée en relief bleu sur le col d'un gigantesque dragon
et sur la panse de pins et de bambous.

Signée : Kienlung.   Haut. 0 m. 23

111. — Vase à long col droit, en verre blanc givré, décoré en relief
rouge au col et à la panse de deux zones à longues
palmes entre des motifs à rinceaux fleuris.

Signée : Kienlung.   Haut. 0 m. 21

112. — Vase à panse aplatie en verre blanc opaque décoré en relief
bleu foncé de quatre médaillons fleuris entre des palmes
allongées.

Joli vase : Signé Kienlung.   Haut. 0 m. 18

113. — Bouteille à long col tubulaire en joli verre jaune opaque.

XVIII° Siecle   Haut. 0 m. 23

114. — Grande bouteille à col largement évasé en verre rouge
transparent.

Haut. 0 m. 36

115. — Petit vase ovoide, la panse légèrement saillante, en verre
rouge épais.

Signé Kienlung.   Haut. 0 m. 14

116. — Petite bouteille à col allongé décorée en relief rouge à
rinceaux fleuris sur fond de verre jaune or.

XVIII° Siecle.   Haut. 0 m. 14

117. — Joli brûle parfums en verre opaque d'une jolie tonalité jaune.
Couvercle et socle en bois sculpté.

Signé : Youngtching.   Haut. 0 m. 15

121

119

120

119

10

1

78

2

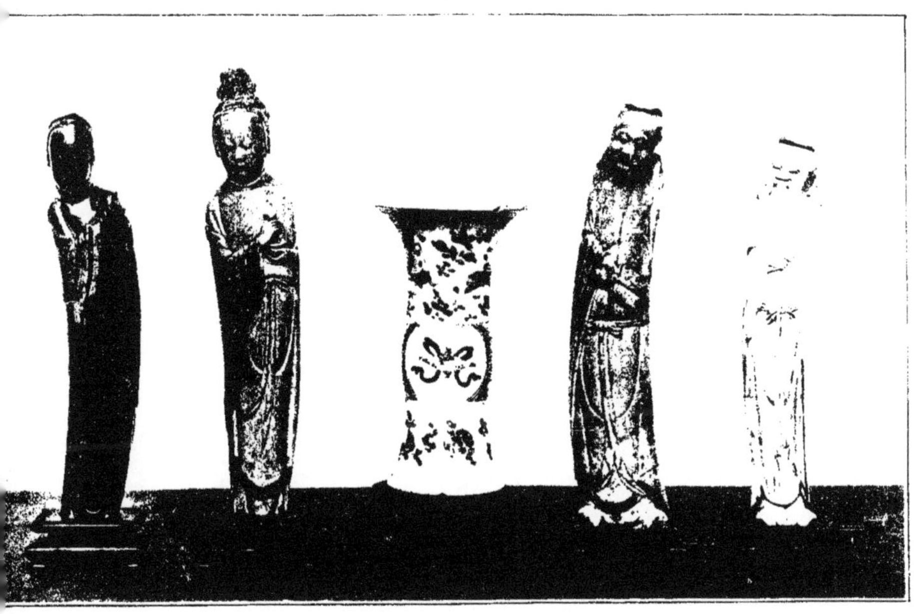

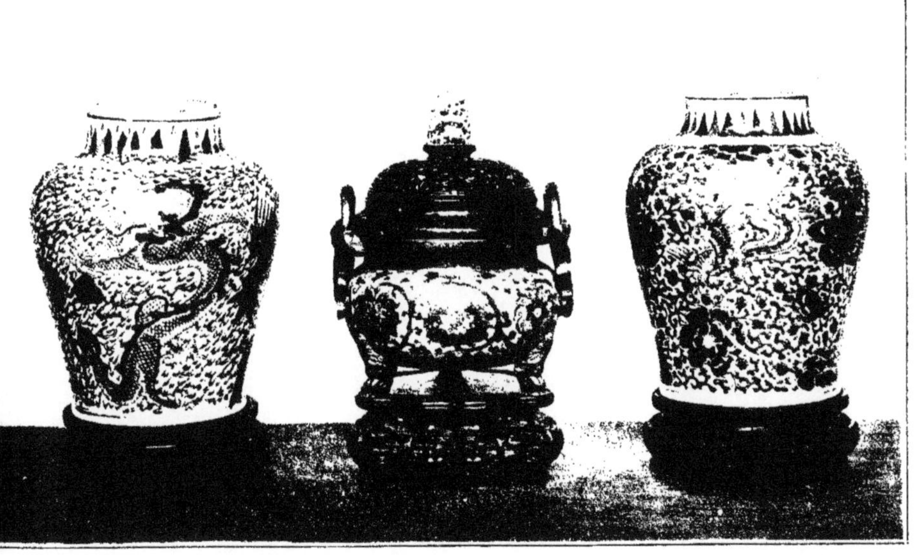

IVOIRES

118. — Statuette de Han Chung-Li, portant une longue barbe, une main relevant sa longue robe, l'autre portant un écran. Sculpté dans la masse d'une seule pièce.

XVIIIe Siècle.   Haut. 0 m. 30

119. — Trois autres statuettes de Han Chung-Li, dans la même pose. Très jolies pièces sculptées d'un seul morceau. (seront divisées).

XVIIIe Siècle.   Haut. 0 m. 28

120. — Statuette de Ho Seen-Koo, autre Immortelle, divinité femme, debout, tenant dans la main, une fleur de lotus. Ivoire à patine rougeâtre.

XVIIIe Siècle.   Haut. 0 m. 29

121. — Autre statuette de Ho Seen-Koo, dans la même pose.

XVIIIe Siècle.   Haut. 0 m. 30

122. — Vase pitong en forme de tube hexagonal, trois faces à décor de fleurs, les autres à décor de poésies. Ivoire à patine claire.

Haut. 0 m. 14

123. — Statuette de jeune garçon aux longs cheveux.

XVIIIe Siècle.   Haut. 0 m. 15

124. — Monture d'éventail en ivoire finement ajouré représentant un vase fleuri d'une branche de pêchers, délicatement sculpté.

Long. 0 m. 40

BOIS SCULPTÉS ET INCRUSTÉS

125. — Petit temple formé d'une racine noueuse dans la cavité de
laquelle un petit boudha semble sommeiller.

Haut. 0 m. 31

126. — Groupe en bois sculpté représentant une divinité accompagné
d'une sorte de démon. Sculpture d'une grande finesse.

Haut. 0 m. 16

127. — Deux grandes boîtes formant cabinet en laque noir incrusté
de jade, nacre et pierres diverses, à décor de personnages
sous un pin.

Dimensions. 0 m. 40 × 0 m. 36

128. — Jolie boite en laque, même travail que les précédentes.

Dimensions. 0 m. 46 × 0 m. 26

129. — Boîte en laque rouge éteint à décor fleuri.

Dimensions. 0 m. 40 × 0 m. 26

130. — Petite boite en bois naturel incrusté de nacre, à décor de
jardinières fleuries et 8 attributs.

Dimensions. 0 m. 15 × 0 m. 12

131. — Grand paravent à cinq feuilles, monture en bois de fer finement sculpté de dragons dans les flots. Les cinq panneaux
sont en bois laqué clair incrusté d'un joli bouquet de pins,
bambous et arbres fleuris, en jade, nacres et pierres polychromes. L'envers est laqué avec médaillons de fleurettes
laquées or.

Très jolie pièce

environ 2 m. 25 de long.,
et 1 m. 65 de haut.

PEINTURES CHINOISES

132. — Trois personnages examinant un cheval, à la robe noire tachetée de blanc.

« Peintures originales de Tsaou-Men-Foo, exécutée la deuxième année du règne de l'Empereur Tabe. Elle a été offerte par l'Empereur Yan-Lou (dynastie Ming) le 28 mai de la deuxième année de son règne, en 1405, à son Excellence Kian résidant au Japon, en témoignage de satisfaction.

133. — Portrait de Woo-Tzé-Tran, dignitaire de la Cour Tang, représenté à cheval, entouré de serviteurs, portant ses attributs.

« La poésie explique la pose nonchalante du cavalier qui, grisé par les jouissances dont il est entouré, se laisse aller à une existence toute de mollesse : il monte à cheval aussi tranquillement que sur un bateau, tombe dans un puits et s'y endort. »

Peinture par Tsan-zo-ni.

134. — La neige tombe à gros flocons. Sur le vieux tronc noueux du saule sont venus se réfugier quelques oiseaux dont le plumage brillant jette une note claire sur la monotonie grise et lourde du paysage. Sur un rocher plus bas, deux canards lissent leurs plumes.

Très belle peinture : Époque Yuen.

135. — Un couple de faisans se repose près d'un magnolia en fleurs sous le tronc noueux d'un vieux cerisier.

Peinture par Wong Tsen-Yuen.

Sous le règne de l'Empereur Chung-Chen, dernier de la dynastie Ming.

136. — Dans les branches d'un néflier voltigent de nombreux oiseaux, au plumage sombre.

Au premier plan, un ravissant massif fleuri ou l'artiste à
habilement réuni la floraison la plus variée, opposant le
violet sombre des roses trémières au blanc vaporeux et
douce des bégonias et au rose tendre des rhododendrons.
Très jolie composition de l'époque Yuen.

137. — Guerrier, la figure remarquablement fine à cheval sur un
coursier noir.

Poésie disant : Monté sur un cheval de la race de King Thow, province de
Petchili sa selle en sculpture reflète sous le brillant soleil les tentes en taffetas et
les uniformes chamarés et ainsi il s'en va glorieux, sous les rayons qui étincellent
Peinture par Tso-Tze-Ku, exécuté au mois de Mai de la 5^{em} année de
l'Empereur Tato. Epoque Yuen.

138. — Au milieu des lianes fleuries, deux canards barbottent leur
joli plumage gris et blanc admirablement traité se déta-
chant sur le ton assombri du fond.

Peinture d'une remarquable finesse d'exécution par Mai-ley.

139. — Debout, sur un rocher au bord de la mer, le faucon est au
repos, vu de profil gauche, dans une pose hiératique.
Son plumage est d'un gris brun foncé, nuancé d'une
tonalité plus sombre à l'extrémité des ailes. L'ensemble
est d'une très belle harmonie.

Peinture par Woo-Tchieng.

140. — Sur un rocher au bord de la mer, le faucon au plumage blanc,
se détache vigoureux et délicat.

Peinture par Ese. Epoque Ming.

141. — Sur la pointe d'un rocher, au pied d'un datura, au milieu
des rhododendrons fleuris, se tient un faisan doré. Dans
l'herbe, en bas, deux petits l'observent.

142. Le retour dans la brume du soir. Vieillard traversant un pont
sous un saule.

Poésie : Sous l'ombre des vieux arbres, le vieillard resté dans le bateaux
aux voiles à moitié hissées, s'aide de son bâton pour traverser le fleuve. Les

PEINTURE CHINOISE

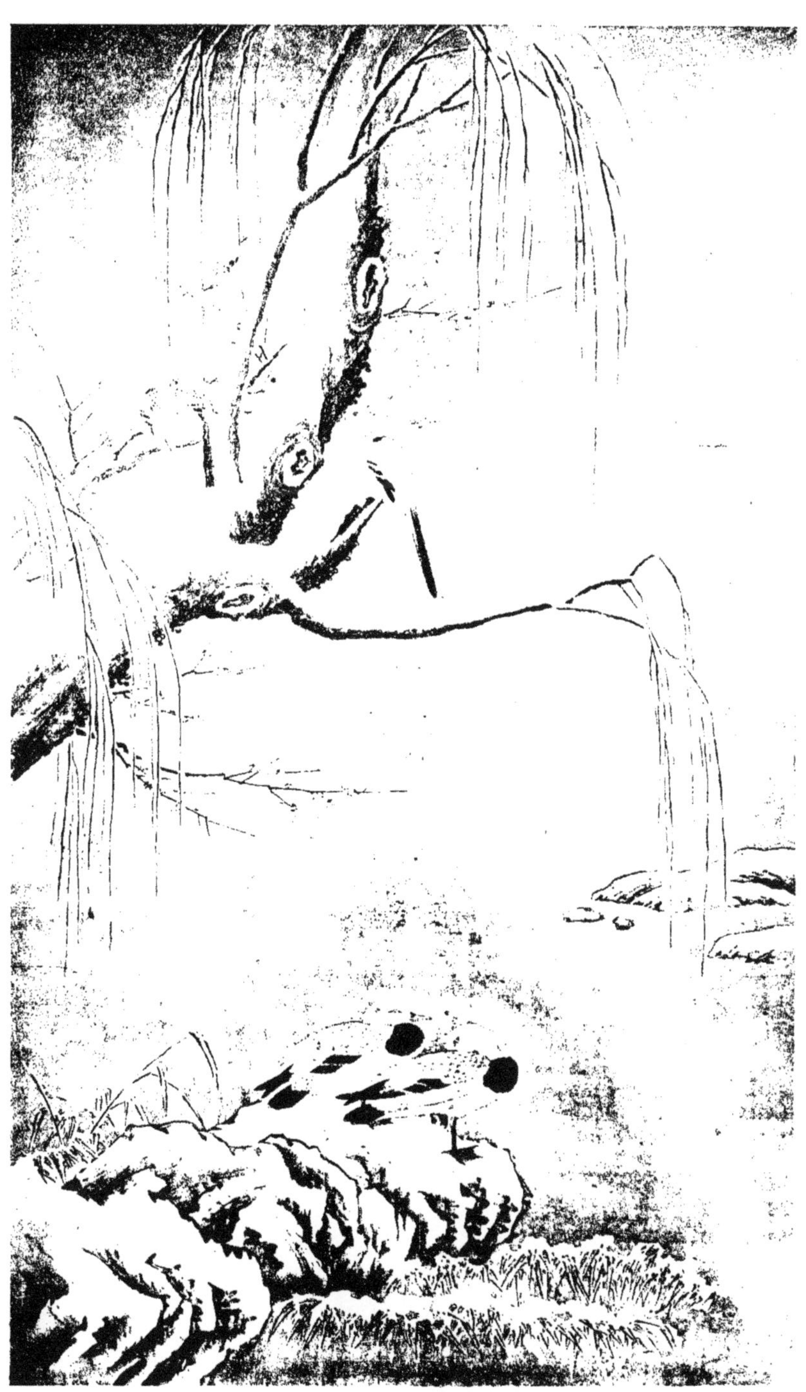

gouttes d'eau tombent des fleurs d'abricotier, mouillent ses vêtements, mais le vent venant des saules l'empêche d'en sentir la fraîcheur.

Peinture par Tan-yien. Epoque Ming.

143 — Près d'un grand pin, des pêcheurs en barque viennent relever leur filet. A l'horizon, un paysage montagneux.

Poésie disant : Wu Sung, port à l'Embouchure de Shangai.
Un peu d'ondulation sur l'eau montre des queues de carpes mêlées à quantité d'autres petits poissons. Tout le filet est rempli de petits poissons que l'on peut échanger contre du bon vin, et aussi se rendre heureux. Et le pêcheur chante sous le crépuscule au bord du fleuve et sa chanson éveille des échos retentissants.

Peinture par Tan-Yung. Epoque Ming.

144 — Lots omis.

ETOFFES

145 — Grande tenture de soie à fond cerise décorée en jolie broderie or et polychromes de scènes d'Immortels entourés d'enfants et de longues poésies.

Très belle pièce de la fin du XVII° siècle

Hauteur : 5 m. 60
Largeur : 4 m. 40

Imprimerie KELLER & POIRIER

88, Rue Rochechouart — PARIS